Charles Ernest Beulé

La Jeunesse de Phidias

Histoire

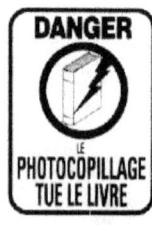 Le code de la propriété intellectuelle du 1er juillet 1992 interdit en effet expressément la photocopie à usage collectif sans autorisation des ayants droit. Or, cette pratique s'est généralisée dans les établissements d'enseignement supérieur, provoquant une baisse brutale des achats de livres et de revues, au point que la possibilité même pour les auteurs de créer des œuvres nouvelles et de les faire éditer correctement est aujourd'hui menacée. En application de la loi du 11 mars 1957, il est interdit de reproduire intégralement ou partiellement le présent ouvrage, sur quelque support que ce soir, sans autorisation de l'Éditeur ou du Centre Français d'Exploitation du Droit de Copie , 20, rue Grands Augustins, 75006 Paris.

ISBN : 978-1976539961

10 9 8 7 6 5 4 3 2 1

Charles Ernest Beulé

La Jeunesse de Phidias

Histoire

Table de Matières

Section I   6

Section II   13

Section III   21

Section I

Sous les pieds du Jupiter d'Olympie était gravée cette inscription : « Je suis l'œuvre de Phidias, fils de Charmidès, Athénien. » Une telle précaution ne semble-t-elle pas bien inutile ? Quel artiste autant que Phidias eût pu s'en remettre à l'histoire du soin de redire à la postérité tous les détails de sa vie et toutes les productions de son talent ? Cependant l'histoire n'a que trop justifié par son silence la défiance de Phidias. Sans lui, nous eussions ignoré jusqu'au nom de son père, ce nom qu'une pieuse coutume de la Grèce associait toujours à l'immortalité du fils.

On dirait que l'antiquité, plus sage que nous et plus respectueuse, distinguait l'homme et le génie, laissant dans l'ombre toutes les faiblesses de l'un pour que l'autre brillât d'une plus pure lumière. Une biographie vraie rabaisse les plus grands artistes : on sert mieux leur gloire en ne livrant à la curiosité des siècles que leurs noms et leurs chefs-d'œuvre. Phidias en effet est devenu pour nous comme la personnification de l'art antique ; mais sa vie privée nous est presque inconnue. Il remplit le siècle de Périclès, et à peine peut-on recueillir quelques renseignements précis sur sa vaste carrière. Tout d'abord, la date de sa naissance est incertaine ; ce n'est que par conjecture qu'on la place vers le temps de la bataille de Marathon. Pour cela, il faut admettre que les statues destinées à immortaliser cette victoire ne furent consacrées par les Athéniens que vingt ans plus tard, car Phidias en était l'auteur. Si le peuple les eût commandées dès le lendemain de son triomphe, c'est-à-dire si Phidias, au lieu d'être alors un enfant, eût été homme et déjà célèbre, il serait né vingt-cinq ans plus tôt, avant la chute des Pisistratides. Par conséquent, il aurait eu près de soixante-dix ans au moment où commença la période la plus active et la plus féconde de sa vie. Entre sa soixante-dixième et sa quatre-vingtième année, il aurait exécuté la Minerve d'or et d'ivoire, le Jupiter olympien, couvert de sculptures le Parthénon, dirigé tous les travaux de Périclès, en un mot accompli au sein de l'extrême vieillesse ce qui exigeait l'ardeur de la jeunesse et les forces de l'âge viril. Un tel prodige n'est pas croyable.

Au contraire, on est forcé de reconnaître que les Athéniens n'ont pu élever aussitôt après Marathon des monuments que les Perses n'eussent pas manqué d'anéantir, lorsque dix ans plus tard ils incendièrent la ville. On trouve naturel qu'après la défaite même de Xerxès, le peuple pensât plutôt à reconstruire ses maisons et ses murailles qu'à satisfaire sa vanité. On ne comprend point qu'Athènes, ruinée par tant de désastres, ait pu consacrer à de coûteux trophées des richesses réclamées par des besoins plus sérieux, et qu'elle ait pourvu à ses embellissements et à sa gloire avant que les dépouilles rapportées d'Asie par Cimon lui eussent fourni des ressources inespérées. Ces réflexions permettent de placer la naissance de Phidias vers le début des guerres médiques.[1] Dès lors, tout le cours de sa vie se dispose dans un ordre naturel, et le moment le plus brillant de sa carrière ne se rencontre point avec la défaillance de ses forces. Il a cinquante ans à peine, lorsque Périclès lui confie la direction de ses entreprises et de ses artistes. Aussi, quand il se représente sur le bouclier de Minerve, indique-t-il à la fois les premières atteintes de la vieillesse et la vigueur de l'âge mûr. Sa tête est chauve, mais ses deux mains soulèvent une lourde pierre, et il combat vaillamment contre les Amazones. À soixante ans, il va créer à Olympie son dernier chef-d'œuvre. À soixante-cinq, il revient mourir à Athènes ; encore ses jours sont-ils abrégés par les mauvais traitements, peut-être par le poison.

Phidias naquit donc dès l'aurore du grand siècle, un ou deux ans après Sophocle, au moment où Eschyle faisait représenter ses premières tragédies. Athènes alors, à peine délivrée des guerres civiles qui suivirent la chute des Pisistratides, était menacée d'un danger plus terrible encore, l'invasion étrangère. Ces deux crises, qui se succédèrent coup sur coup, étaient une question de vie ou de mort, mais l'avenir était pour Athènes : elle dut à l'une sa liberté et sa fière démocratie, à l'autre sa puissance et l'empire de la Grèce. La génération à laquelle appartenait Phidias fut élevée à l'école du malheur et de l'héroïsme. Elle y puisa l'amour de la patrie, la soif de la gloire, les passions les plus généreuses ; ce souffle en un mot qui anime un grand siècle. L'enfance de Phidias fut bercée par les récits de la bataille de Marathon et par les fables qu'y mêlait l'imagination enivrée des Athéniens. D'un côté, cette multitude de barbares couverts de costumes étranges et d'armes magnifiques ;

---

1 L'an 496 avant Jésus-Christ.

de l'autre, une poignée d'hommes qui accomplit des exploits dignes de l'épopée ; c'était là un tableau dont, quatre cents ans plus tard, l'orgueil national ne s'était point encore lassé.

À peine entré dans l'adolescence, Phidias quitta Athènes avec sa famille et le peuple entier pour se réfugier à Salamine : de là il vit les flammes qui dévorèrent sa patrie, puis l'immortel combat qui la vengea. Bientôt ce furent les douleurs du retour, les larmes devant les débris fumants de la maison paternelle, et soudain cet élan qui fit oublier aux vieillards, aux femmes, aux enfants, leurs propres misères, pour courir aux murs de la ville et les relever contre les menaces de Sparte. Peu à peu Athènes rebâtie appela dans son sein l'ordre, le bien-être, la richesse ; ses flottes victorieuses lui apportèrent d'abondantes dépouilles ; sa puissance, en s'agrandissant, lui assurait d'immenses ressources, et ses alliés, devenus ses tributaires, étaient prêts à payer sa splendeur. Bientôt allait s'ouvrir pour les artistes une ère de travaux innombrables. Tout était à créer, puisque tout était détruit. Où trouver assez de bras, assez de talents, assez de génie ? Phidias parut à temps.

On s'est demandé si la sculpture n'était pas un art héréditaire dans la famille de Phidias, et s'il ne fut pas l'élève de Charmidès, de même que Socrate le fut de son père Sophronisque. Bien que les exemples de cette hérédité de profession soient fréquents dans les écoles de la Grèce et même dans les écoles de tous les temps, rien ne prouve qu'elle ait existé dans la famille de Phidias. Au contraire nous le voyons suivre les leçons de maîtres étrangers et se vouer à la sculpture par préférence et non par tradition, car il commença par étudier la peinture. Ses deux frères, Panœnus et Plistaenète, furent peintres également, de sorte qu'il serait naturel de se demander pourquoi le père de Phidias n'aurait pas été peintre plutôt que sculpteur. Si l'on songe que Michel-Ange dédaignait aussi son talent de peintre, et que nous devons *le Jugement dernier* à la violence que lui fit Bramante, on s'étonnera moins de l'inconstance de Phidias. La sculpture promet en effet aux génies puissants une imitation plus complète et des types plus grandioses. Un tableau reproduit leur pensée comme un miroir reproduit une image, tandis qu'une statue, c'est la matière vaincue qu'ils façonnent à leur gré et qu'ils sentent s'animer dans leurs mains. Leur idéal prend un corps : il ne se voit pas seulement, il se touche. La Genèse, cherchant pour la création de l'homme la figure la plus forte, l'emprunte à la sculpture : « Dieu prend le limon de la terre et le pétrit. » Dans le paganisme, quel ne devait pas être l'orgueil de l'artiste ! C'étaient des dieux qu'il créait, et l'univers adorait sa pensée.

Cependant Phidias ne quitta pas si vite la peinture qu'il ne s'y fût déjà distingué. Aradus, une île phénicienne, se vantait de posséder un de ses tableaux, s'il est permis du moins d'ajouter foi au témoignage de Clément d'Alexandrie. Le portrait de Périclès paraît plus authentique. Pour rendre immortels les traits de celui qu'on surnommait le Jupiter olympien d'Athènes, Phidias se souvint des essais de sa jeunesse et redevint peintre ; mais afin que cette distinction fût plus glorieuse encore, il ne voulut le redevenir que pour son ami. Il est vrai que les expressions de Pline ont paru présenter un tout autre sens, et l'on a dit que c'était le temple de Jupiter olympien que Phidias avait décoré de peintures. J'avoue que cette idée séduit au premier abord l'imagination. On aime toujours à exalter le personnage dont on écrit l'histoire ; c'est pourquoi je souhaiterais que Phidias aussi eût fait sa chapelle Sixtine, et qu'il eût couvert de grandes compositions un édifice magnifique. Il est certain pourtant que Jupiter olympien n'avait qu'un temple à Athènes, celui qu'avait commencé Pisistrate. Non-seulement ce temple resta inachevé pendant de longs siècles, mais les Pisistratides l'avaient à peine conduit à une faible hauteur, de sorte qu'on ne pouvait en admirer que le plan. Au second siècle avant notre ère, Antiochus Épiphane, roi de Syrie, entreprit de continuer cette œuvre gigantesque : Cossutius, son architecte, construisit alors la *cella* et le double péristyle qui l'entourait. Par conséquent la cella, c'est-à-dire le temple lui-même, n'existait pas au temps de Phidias. Comment donc l'eût-il ornée de peintures ? Où placer même des tableaux détachés ? Il faut s'en tenir au portrait de Périclès. Panaenus (c'est un rapprochement assez curieux) était célèbre par ses portraits à une époque où l'art était encore loin de sa perfection. Il avait représenté au naturel, sur les murs du Pœcile, les héros de Marathon, Miltiade, Callimaque, Cynégire.

La plupart des hommes qui embrassent et quittent successivement des carrières différentes ne font qu'épuiser leurs forces en les disséminant : en tout, ils demeurent médiocres. Au contraire, pour les natures privilégiées, se multiplier c'est grandir. Les années consacrées par Phidias à l'étude de la peinture ne furent point perdues pour son talent de sculpteur ; elles eurent une salutaire influence, car je ne parle pas seulement d'une affinité vague entre les branches diverses de l'art, ni même, ce qui serait déjà plus réel, des raffinements délicats que la sculpture polychrome peut emprunter à la science et au goût d'un peintre. Je pense à la frise du Parthénon, où se trahit l'application de certains principes qui appartiennent plus particulièrement à la peinture : la valeur des plans, le jeu des ombres et des lumières, les procédés de composition, les calculs de perspective.

L'éducation de Phidias fut d'ailleurs complète, et d'un savant aussi bien que d'un artiste. Il étudia l'optique, comme pour mieux charmer les sens après en avoir pénétré les plus secrètes opérations, la géométrie, cette base du dessin et de l'architecture. Il possédait en outre des notions très étendues sur l'art de construire, au moins sur la partie théorique. Comment sans cela eût-il pu surveiller les travaux d'architectes tels qu'Ictinus et Callicrate ? Comment eût-il montré dans le Parthénon une admirable intelligence des besoins de l'architecture et sacrifié toutes les prétentions de la sculpture, lui sculpteur, à l'harmonie et à l'effet général du monument ? C'est ainsi qu'il donne aux métopes un relief exagéré, contraire à ses principes, pour qu'elles soient en rapport avec les fortes saillies de l'entablement. La frise de la cella au contraire, tant son relief est léger, tant ses proportions sont petites pour la hauteur qu'elle occupe, n'attire que faiblement les regards ; elle leur échappe quelquefois. Mais il fallait ne point écraser une muraille lisse par l'importance des sculptures et la couronner, au contraire, d'un bandeau délicat. D'ordinaire, l'artiste qui dirige la construction d'un édifice fait passer avant tout ses préférences et l'ambition de son art. Le peintre ne voit que la peinture, témoin Raphaël, qui couvre les loges ouvertes du Vatican de chefs-d'œuvre bientôt ruinés. Le sculpteur veut entasser partout des statues, témoin le Bernin, qui, pour leur faire de la place, gâte l'intérieur de Saint-Pierre de Rome.[1] Il faut un bien grand sentiment de l'architecture pour

---

[1] Le Bernin affaiblit les piliers en creusant des niches et des tribunes. Aussi, comme il critiquait un jour la sainte Véronique de Mocchi, détestable en effet, comme la plupart des statues de Saint-Pierre, et trouvait que l'agitation des draperies ne convenait point *à un endroit clos* ce mot ne peint-il pas l'homme et son école ? , on lui répondit plaisamment que le vent soufflait assez par les ouvertures qu'il avait faites.

montrer la même abnégation que Phidias et savoir concilier toutes les convenances. Il n'y a rien de surprenant à ce qu'il eût étudié seulement un art que d'autres sculpteurs pratiquèrent. Polyclète construisit à Épidaure le plus admirable théâtre de l'antiquité. À Sparte, Gitiadas éleva le temple de Minerve Chalciœcos. À Tégée, Scopas bâtit un temple qui l'emportait en beauté et en grandeur sur tous les temples du Péloponèse. Les temps modernes, et particulièrement la renaissance en Italie, ne présentent pas des exemples moins illustres du goût des sculpteurs pour l'architecture. Ils y retrouvent en effet, dans sa pureté la plus sévère, la science des lignes et des proportions.

Dans son ardeur à poursuivre la science, Phidias ne se contenta point des ressources que lui offrait Athènes. Il avait travaillé dans l'atelier d'un certain Hippias, qui nous serait inconnu s'il n'avait été son maître. Soit que ce sculpteur méritât l'oubli dans lequel il était tombé, soit que les crises politiques eussent suspendu le progrès de l'art en Attique, Phidias alla demander des leçons à une école étrangère. À cette époque vivait dans Argos Agéladas, dont la réputation s'étendait par tout le monde grec. Les villes les plus éloignées, même celles de l'Italie, lui commandaient des statues. Il exécuta, de concert avec Aristoclès et Canachus de Sicyone, un groupe de Muses célébré par les poètes de l'antiquité. Quel que fût le talent d'Agéladas, son premier titre de gloire aux yeux de la postérité est d'avoir formé les trois plus grands sculpteurs du siècle, Phidias, Myron et Polyclète. Myron était aussi un Athénien. Il arrivait alors ce qui arrive dans tous les temps, c'est qu'une école ou seulement un maître célèbre attire de fort loin des admirateurs et des élèves. Le Corinthien Euchir va s'instruire à l'école de Sparte à l'époque où les fondeurs Spartiates devançaient le reste de la Grèce. Sparte à son tour envoie Médon, Doryclidas, Don tas et Théoclès à Sicyone, lorsque Dipœnus et Scyllis y enseignent pour la première fois l'art de travailler le marbre. Bientôt Sicyone et Athènes demandent des leçons à Argos. C'était un continuel échange entre les cinq ou six écoles de la Grèce. Pourquoi donc Ottfried Müller s'est-il étonné de voir Phidias et Myron, qui n'étaient alors que des jeunes gens, passer quelques années à Argos, dans l'atelier d'Agéladas ? Pourquoi veut-il plutôt que leur maître ait quitté sa patrie, ses travaux, ses autres élèves, pour s'établir à

Athènes ? Parce qu'on montrait en Attique une statue d'Agéladas, une seule, l'Hercule secourable, était-il nécessaire que l'artiste fût venu la sculpter sur les lieux ? Ce n'était ni un colosse d'or et d'ivoire, ni un de ces travaux compliqués qui ne peuvent s'exécuter que sur place. Que serait la biographie d'un artiste, si on le faisait voyager autant que ses œuvres ?

Au contraire, on n'a jamais assez remarqué un fait qui paraît confirmer le séjour de Phidias à Argos. Le premier ouvrage qui le signala à l'attention de ses contemporains fut une Minerve pour les habitants de Pellène, Il l'avait faite, dit Pausanias, avant la Minerve de Platées, avant celle que les Athéniens consacrèrent en souvenir de Marathon. C'étaient ses plus anciennes créations. Pellène est une ville d'Achaïe, la plus rapprochée de l'Argolide, distante seulement d'une journée de marche. Sans industrie et sans arts, les villes de la confédération achéenne étaient obligées de demander aux sculpteurs étrangers les statues de leurs dieux. Les plus voisines d'Argos s'adressaient à l'école d'Argos ; c'est ce que faisaient AEgium et Pellène. Lorsque cette dernière voulut consacrer à Minerve une statue d'or et d'ivoire, travail délicat et somptueux, elle appela Phidias, soit que sa réputation commençât déjà à s'étendre, soit qu'Agéladas l'eût recommandé comme son élève le plus distingué. Mais comment les Pelléniens eussent-ils été chercher à Athènes un artiste à ses débuts, lorsqu'ils avaient à Argos une école si célèbre ? La statuaire chryséléphantine ne produisait guère dans ce temps-là que des figures colossales. C'était peut-être une nécessité autant que le goût de l'époque, car la toreutique n'avait pas encore atteint sa perfection, et les difficultés d'un art aussi compliqué grandissent à mesure que les proportions décroissent. En outre, afin d'assurer à sa statue une éternelle fraîcheur, Phidias prit une précaution qu'il ne renouvela que pour ses plus beaux colosses, la Minerve du Parthénon et le Jupiter d'Olympie. L'ivoire se fend par la sécheresse, et ce danger était particulièrement à craindre dans une ville située sur une hauteur et exposée à l'air vif des montagnes de l'Arcadie. C'est pourquoi Phidias fit creuser sous le piédestal de la statue un souterrain qui entretenait une humidité salutaire. Tant de soins dénotent une œuvre considérable, dénotent surtout la présence de l'artiste.

Ainsi non-seulement Phidias trouva chez des sculpteurs étrangers à l'Attique les leçons qui développèrent son talent ; ce fut même hors de sa patrie qu'il jeta les premiers fondements de sa gloire. Quand il revint dans Athènes, son nom l'y avait précédé. Au lieu des longs dégoûts qui attristent l'entrée d'une carrière, de magnifiques travaux l'y attendaient. Athènes et Platées lui confièrent aussitôt le soin d'immortaliser leurs victoires.

Section II

Les dates différentes qu'on a fixées à la naissance de Phidias et les calculs pour établir les époques de sa vie dépendent d'un point historique intéressant déjà par lui-même, car il éclaire un des traits du caractère athénien : l'amour de la gloire poussé jusqu'au mensonge. Les annales grecques n'offrent guère moins de prise au scepticisme que les annales romaines. Seulement la Grèce brode mille fables sur un fond vrai, tandis que l'esprit romain, peu capable de souplesse et de mesure, remanie à son gré des siècles entiers, ce qui n'empêchait pas les Romains d'accueillir avec un mépris incrédule les récits des Grecs leurs aînés.

La guerre des Perses est, je le crains, une des pages les moins fidèles de l'histoire ancienne : les vainqueurs seuls l'ont racontée, et leur enivrement ne leur permettait que d'être poètes ; mais aucune ville ne fit retentir sa gloire aussi haut qu'Athènes, aucune n'éleva autant de trophées, aucune n'exalta son héroïsme avec plus d'insolence. Bientôt elle dédaigna Salamine et Platées, dont elle partageait l'honneur avec le reste de la Grèce ; elle ne voulut se souvenir que de Marathon, où seule elle avait triomphé. Mais quel souvenir ! Combien de monuments, d'offrandes, de sculptures, de peintures, de panégyriques, de déclamations de toute sorte ! Quelle importunité odieuse avec des peuples de même race, ridicule avec des étrangers ! N'était-ce pas en effet un bien triste spectacle que des Athéniens venant pompeusement réciter à Sylla l'éternel éloge de Marathon, au moment où les soldats romains prenaient et saccageaient leur ville ?

Si la postérité ne doit pas se montrer trop sévère pour cette faiblesse du plus aimable des peuples, elle a trop longtemps pris au sérieux les inépuisables trésors conquis à Marathon. Par une conséquence naturelle, on a placé au lendemain de la bataille toutes les œuvres d'art que payait la dîme du butin. Comme Phidias en exécuta une partie, l'embarras des critiques modernes était grand : il fallait expliquer comment un artiste déjà célèbre au temps des guerres médiques n'arrive que cinquante ans plus tard à la période la plus féconde de sa carrière ; il fallait concilier une extrême vieillesse avec d'immenses entreprises. Ottfried Müller le premier a démêlé avec une rare clairvoyance le nœud de la question. Au lieu de retourner en vain les difficultés sous toutes leurs faces, il est remonté à la source, se demandant si ces fameuses dépouilles ramassées dans les champs de Marathon n'étaient pas une fable, si la vanité des Athéniens n'avait pas élevé après coup et multiplié à plaisir des trophées mensongers.

Plutarque, il est vrai, raconte qu'après la bataille Aristide fut chargé avec sa tribu de veiller sur le butin. Il ne fallait rien moins que sa réputation d'intégrité pour qu'on lui confiât une garde aussi délicate, car il y avait des monceaux d'or et d'argent, des vêtements de toute espèce, mille objets précieux dans les vaisseaux et les tentes. Plutarque ne fait que répéter la tradition athénienne, et il l'accueille d'autant plus facilement qu'elle consacre la vertu de son héros. Hérodote au contraire, le grand historien des guerres médiques, ne fait pas mention de ces richesses. Il rend parfaitement justice au courage des Athéniens, qui, les premiers, osèrent affronter les barbares et opposer leur petite armée à une invasion formidable ; mais il montre aussi que les Perses tentèrent seulement une descente pour pénétrer ensuite en Attique, que les Athéniens n'eurent à combattre qu'un front d'armée égal au leur, que les vaincus se rembarquèrent aussitôt, ne laissant que quelques milliers de cadavres dans cette petite plaine où les Athéniens en comptèrent plus tard deux cent mille : ils osaient l'écrire sur leurs monuments publics. Les Perses furent même si peu effrayés de cet échec, qu'ils cinglèrent vers Athènes et l'eussent surprise sans la diligence de Miltiade. On comprend donc pourquoi Hérodote ne parle pas du butin : c'est qu'il fut peu considérable et se réduisit probablement à la dépouille des morts. Il n'y avait point, en effet, de camp à piller. De simples retranchements avaient protégé les troupes de débarquement ; les richesses, les meubles précieux étaient restés sur la flotte ; l'élite des guerriers était seule descendue à terre, et, pour combattre, ils apportèrent, malgré la mollesse asiatique, des armes plutôt que de l'or. À peine en déroute, ils sautèrent dans leurs vaisseaux, qui gagnèrent promptement le large, si promptement que les vainqueurs n'en prirent que sept. Encore ne doit-on pas oublier, si l'on veut juger sainement de la dimension de ces vaisseaux, qu'un seul homme essayait de les retenir, et qu'il fallut couper les mains de Cynégire.

Des vêtements, de belles armes, des bracelets et des colliers, voilà sans doute le merveilleux butin dont on fit tant de bruit par la suite. Ajoutez qu'il fut partagé entre tous les soldats suivant l'usage, et que l'état en retint seulement la dixième partie. C'est cette dîme qui paya, selon les Athéniens, tant d'œuvres magnifiques. Elle permit d'élever dans l'Acropole un colosse de bronze haut de soixante-dix pieds, à Platées une statue non moins gigantesque, de construire à Delphes un trésor où se renfermaient les offrandes, de consacrer dans le même sanctuaire les statues de Minerve, d'Apollon, de Miltiade, d'Érechthée, de Cécrops, de Pandion, de Léos, d'Antiochus, d'Égée, d'Acamas, de Thésée, de Codrus ; d'orner de boucliers d'or massif les architraves du temple d'Apollon, de bâtir à Athènes le temple de la déesse Ecléia et probablement aussi le Pœcile. Ne dirait-on pas qu'Athènes avait ramassé parmi les dépouilles une de ces bourses enchantées dont parlent les contes de la Perse moderne ? Légères et d'humble apparence, elles fournissent pourtant à toutes les fantaisies de l'heureux possesseur, sans jamais s'épuiser.

Je suis persuadé que les Grecs du siècle de Périclès n'avaient qu'un sourire d'incrédulité pour ces prétentions. Se taire était le plus grand sacrifice qu'Hérodote pût faire aux Athéniens, ses hôtes ; mais les témoins disparurent, et les monuments restèrent avec leurs inscriptions, que la postérité ne pouvait plus contester. Cependant Pausanias lui-même, le plus crédule des voyageurs, finit un jour par s'étonner de trouver à chaque pas un nouveau trophée. Il avait déjà remarqué à Athènes même combien la victoire de Marathon avait inspiré de vanité aux Athéniens. À Delphes, au moment où il aperçoit des trophées plus nombreux et plus magnifiques que jamais, il s'arrête, et se tournant vers l'*exégète*, c'est-à-dire vers le cicérone qui le conduit, il lui demande si véritablement tant de statues sont le produit de la dîme du butin. Un exégète ne connaît pas les scrupules ; comment douterait-il d'un fait qu'il a raconté tant de fois ? Après donc que sa réponse a raffermi la foi chancelante de Pausanias, celui-ci n'hésite plus, et il nous répète que ces statues *sont bien réellement la dîme du butin*. Seulement il ne nous fera point partager sa conviction.

Est-on tenté de la partager, l'histoire et la logique des faits s'y opposent, et donnent un démenti éclatant aux Athéniens. Qui ne croirait, en effet, qu'on s'est empressé, aussitôt après le triomphe, quand la joie était si vive, quand la ville regorgeait de prétendues dépouilles, de consacrer tous les chefs-d'œuvre qui devaient immortaliser la victoire ? Dix ans s'écoulèrent sans qu'on y songeât : rien n'était fait à l'époque de l'invasion de Xerxès, car Platées fut livrée aux flammes, et l'on ne supposera pas que les Perses eussent épargné précisément le colosse en bois doré de Phidias, monument de leur honte. Athènes ne fut pas seulement incendiée : Mardonius acheva d'anéantir une ville que Xerxès n'avait fait que renverser. Il rasa les fortifications, les maisons, les temples, ne laissa pas pierre sur pierre. Était-ce pour respecter la Minerve de Phidias et les édifices qui rappelaient sa première défaite ? Ainsi pendant dix années on conserva caché ce prétendu trésor, on l'emporta sur la flotte à l'approche de Xerxès, on le rapporta quand les barbares furent partis ; on n'osa y puiser au milieu de la misère publique, lorsqu'une ville tout entière n'était plus que débris et que cendres ?

Il est inutile de multiplier les réflexions sur ce sujet. Toutes conduisent à la même conclusion : le butin de Marathon était une fiction, quelque belle que fût la victoire elle-même, quelques grands qu'en fussent les résultats. Athènes, maîtresse de la moitié de la Grèce, en rivalité avec l'autre, se plut à reproduire l'image d'un triomphe qu'elle n'avait partagé avec personne. Heureuse d'humilier les autres peuples autant que de s'exalter elle-même, elle leur rappelait sans cesse que, seule (c'était vrai), elle s'était jetée au-devant d'une première invasion, et que les Spartiates, ses ennemis irréconciliables, n'étaient arrivés que pour contempler le champ de bataille et compter les morts. Quels sacrifices pouvaient payer une si douce satisfaction ? Mais ces sacrifices, du moins fallait-il être en état de les faire, et l'on ne voit pas que les Athéniens aient pu disposer de richesses considérables avant les expéditions d'Asie et l'administration de Cimon. Pendant les années qui suivirent la bataille de Salamine, toutes les ressources publiques et privées furent employées à relever les murs, les édifices, les maisons, à construire une ville nouvelle en un mot, en même temps qu'on équipait des flottes et qu'on subvenait aux lourdes charges de la guerre.

Au contraire, lorsque le grand roi eut juré de tenir ses vaisseaux loin des mers de Grèce, lorsqu'Aristide eut réglé la contribution que devaient payer les alliés, lorsqu'Athènes eut enlevé à Sparte l'hégémonie de la Grèce, lorsque Cimon eut ramené ses flottes chargées des dépouilles de l'Asie, une ère de paix et d'opulente grandeur s'ouvrait pour Athènes. Elle eut tout le loisir de s'orner de monuments et de statues, elle eut des trésors à distribuer aux artistes ; mais, quoiqu'à chacune de leurs œuvres elle pût attacher le nom d'une victoire différente, elle dédaigna Salamine, Platées, Mycale, l'Eurymédon, Éphèse, pour répéter partout un nom qui pour elle seule était un titre de gloire. Il fallait un prétexte : on inventa la *dîme de Marathon*. L'influence de Cimon, tout-puissant depuis l'exil de Thémistocle et la mort d'Aristide, ne fut pas étrangère à cette préférence. S'il n'osait, dans une démocratie jalouse, célébrer ses propres exploits, il consacrait au moins ceux de son père Miltiade. Ainsi, par ambition ou par piété filiale, le chef de l'état encourageait la vanité des citoyens. Cimon revint à Athènes en 468 ; son administration ne commença véritablement qu'après la conclusion de la paix avec la Perse. C'est à cette époque qu'il est naturel de placer les œuvres destinées à immortaliser Marathon et Miltiade. Phidias avait alors environ vingt-huit ans.

De tous les emprunts que l'art grec a faits à l'Asie, un des moins heureux est peut-être le goût des statues colossales. L'énormité n'est qu'une fausse grandeur, et l'étonnement ne doit pas se confondre avec l'admiration. Il y a cependant des cas où les proportions gigantesques n'ont rien que d'heureux et de nécessaire : par exemple, lorsqu'une statue est placée à une grande élévation ou doit être vue de loin. Alors le sculpteur se règle sur les lois de la perspective et grossit les objets à mesure que l'image décroît. C'est ce qui arriva pour la statue de Minerve que les Athéniens commandèrent à Phidias en souvenir de Marathon. Elle s'élevait sur le rocher de l'Acropole, haut lui-même de quatre cents pieds, et de là dominait la ville, la plaine, tout le golfe d'Athènes. On distinguait encore la pointe de sa lance et l'aigrette de son casque après avoir doublé le cap Sunium. En matière d'art, les idées les plus poétiques n'ont aucun sens tant que l'exécution ne les a pas justifiées. Ici tout se rencontre, et les conditions qui sauvent les invraisemblances du genre colossal, et l'idée grandiose qui montre à tout un pays sa divinité protectrice, la faisant saluer, avant la patrie elle-même, par les navigateurs qui reviennent de lointains pays.

Les monnaies du Musée britannique et du cabinet des médailles à Paris sur lesquelles l'Acropole est représentée nous offrent un dessin exact, quoique bien incomplet, de l'œuvre de Phidias. Vêtue de la longue tunique et du péplum, la déesse élève son bras droit, qui s'appuie sur la lance ; son bras gauche étend en avant le bouclier. Tournée vers les Propylées, elle semble défendre l'entrée de son sanctuaire. Quand Alaric et ses hordes barbares assiégèrent Athènes, ils furent effrayés à l'aspect de cette grande figure de bronze qui les menaçait ; ils crurent que Minerve elle-même descendait du ciel pour défendre sa ville. L'assaut fut suspendu, et l'on signa un traité. Les partisans de la vieille religion, Zozime par exemple, ne manquaient pas de répéter cette fable et d'attribuer aux dieux mourants du paganisme un miracle qu'ils devaient au colosse de Phidias.

Le bouclier que présentait la déesse était orné de sculptures : on y voyait le combat des Lapithes et des Centaures ; mais Phidias n'en était pas l'auteur. Il avait confié à un toreuticien, nommé Mys, ce morceau, qu'on pouvait facilement détacher de l'ensemble. Mys, à son tour, avait travaillé d'après les dessins d'un certain Pérasius, qui avait coutume de lui fournir des modèles pour toutes ses œuvres. Mys ne savait ni la composition ni le dessin ; ce n'était qu'un habile ouvrier.

On peut calculer les dimensions que Phidias donna à sa statue. Sur les médailles de Paris et de Londres, de fabrique et de module différents, elle est d'un tiers plus haute que le Parthénon. Le temple avait environ cinquante-cinq pieds ; la statue en avait donc soixante-quinze. Il faut déduire de ce chiffre la hauteur du piédestal qui la supportait. Lorsqu'on a franchi les Propylées, si l'on suit la route qui mène au Parthénon, on aperçoit à sa gauche un massif de tuf long de vingt pieds, large de quinze. Au centre, un dé en marbre blanc semble la première pierre consacrée jadis par le sang des victimes. C'est là, au point exact marqué par les médailles, que s'élevait la

Minerve *Promachos*. Nous ne savons point quel en était le style, s'il tenait encore de l'archaïsme et rappelait les leçons d'Agéladas, ou bien si Phidias essayait déjà sa grande et idéale manière. Pour construire un monument aussi gigantesque, pour modeler, fondre, agencer tous les morceaux qui le composaient, pour conduire jusqu'aux nues un ensemble que le regard a peine à embrasser, il faut une science consommée. Il semble que dès ce moment Phidias n'avait plus de rivaux qu'on lui pût comparer, car, lorsque les Athéniens voulurent que Platées élevât aussi un trophée, ils ne lui donnèrent pas seulement une part des prétendues dépouilles, ils lui envoyèrent Phidias.

Seuls de tous les Grecs, les Platéens avaient pris part au combat de Marathon. Ils n'étaient pas seulement alors les alliés d'Athènes, mais leurs frontières étaient devenues celles de l'Attique. Ils jouissaient des mêmes privilèges que les habitants ; on les appelait Athéniens-Béotiens. Il en coûtait peu à l'orgueil d'Athènes d'abandonner une partie de sa gloire à une ville faible et amie. Pour mieux dire, c'était une occasion de rappeler une fois de plus son propre triomphe. Les Platéens reçurent donc une somme considérable pour construire un temple et le dédier à Minerve guerrière. Il est vraisemblable que les Athéniens ne songèrent aux Platéens qu'après que leur propre ambition fut satisfaite. C'est pour cela que, dans l'ordre chronologique des travaux de Phidias, la Minerve des Propylées précédera la Minerve de Platées. En outre plusieurs années s'écoulèrent avant que le temple qui devait renfermer la statue fût achevé. La statue étant colossale, le temple était nécessairement fort grand. Il paraît même qu'il absorba presque tous les fonds, car, lorsque Phidias arriva, il fallut renoncer au bronze, à l'or, à l'ivoire : on fit la statue en bois doré, les pieds et les mains en marbre pentélique. Cette contrefaçon économique de la statuaire chryséléphantine n'est pas sans exemple dans le reste de la Grèce ; mais je doute qu'elle eût pour un artiste beaucoup d'attraits, et qu'elle promît à ses œuvres une assez longue durée.

Il ne faut demander à Pausanias ni de sentir les beautés d'une sculpture, ni d'en relever les défauts. Il note le nom de l'auteur, la matière qui la compose, et il passe, comme tant de voyageurs anciens et modernes, persuadé qu'il a vu tout ce qu'il y avait à voir. Quelque précieux que soit son livre pour l'histoire de l'art, on regrette que ce ne soit qu'un catalogue, et ces regrets sont mêlés d'un certain ressentiment quand il s'agit des grands maîtres. Pour Phidias en particulier, quel immense intérêt n'y aurait-il pas à suivre les progrès de son talent, à comparer ses premières œuvres et ses dernières, à distinguer ce qu'il devait à ses devanciers, ce qu'il ne devait qu'à lui-même, à fixer le moment précis où il rompt avec la tradition pour ouvrir à l'art une voie nouvelle, et d'élève devenir chef d'école ! Les déclamateurs aiment que le génie brille tout à coup comme un astre qui se lève : une étude approfondie le voit presque toujours hésiter à ses débuts, se mûrir dans le travail, se transformer avec les années, grandir par degrés, arriver à sa perfection par marches et par étapes. L'histoire de Raphaël est l'histoire de l'humanité. Ce sont nos préjugés qui ceignent l'auréole aux grands hommes dès le berceau.

Phidias ne travailla le bois qu'une fois dans sa vie, et ce fut à Platées, quand il commençait sa carrière. Se rapprochait-il alors de l'école attique et des traditions de Dédale et d'Endœus, qu'il tenait d'Hippias, son premier maître ? Le bois, matière sèche et rebelle, ne prenait-il pas naturellement sous le ciseau des formes raides et un vernis d'archaïsme ? On croira difficilement que les colosses de l'Acropole et de Platées eussent déjà la beauté des sculptures du Parthénon. La statue de la Minerve guerrière était un peu moins grande que la Minerve en bronze d'Athènes. Cependant il était impossible qu'un temple pût la contenir, même diminuée de huit ou dix pieds. Qu'on n'oublie pas toutefois que le piédestal, nécessaire sur le rocher de l'Acropole, devient inutile dans l'intérieur d'un édifice, ou du moins se réduit considérablement. Il fallait que le colosse n'eût plus que de quarante-cinq à cinquante pieds de hauteur pour trouver place dans un temple dorique.

Quand il eut achevé ces deux grands ouvrages, qui lui demandèrent plusieurs années, Phidias fut chargé d'immortaliser sous une nouvelle forme le souvenir de Marathon. Il fit treize statues qui furent envoyées à Delphes. L'orgueil, autant qu'une pieuse reconnaissance, poussait les Grecs à consacrer dans ce commun sanctuaire des monuments de leurs victoires ; ils s'y bravaient les uns les autres. Minerve et Apollon, les héros éponymes, Thésée, Codrus, les protecteurs ou les sauveurs de l'Attique, furent les sujets désignés. Seul des généraux de Marathon, Miltiade figurait dans la troupe des dieux et des demi-dieux. À cette exception glorieuse, qui ne reconnaît l'influence de son fils Cimon ?

Pour en finir avec un nom qui devient importun, je dirai ici quelques mots d'une statue qui rappelle encore Marathon, la Némésis de Rhamnonte. Les habitants de Rhamnonte prétendaient que Mardonius avait apporté de Paros un bloc de marbre pour ériger un trophée, tant il se croyait sûr de vaincre. Trouvé sur le champ de bataille, ce bloc, disaient-ils, avait été donné à Phidias, qui en fit une Némésis. Je n'ai pas besoin de montrer combien cette fable est invraisemblable. Des écrivains dignes de foi nous apprennent en outre que la statue de Némésis n'était pas de Phidias, mais de son élève Agoracrite. Par conséquent, elle est postérieure à la bataille d'au moins quarante ans.

Section III

Il y a souvent de l'injustice à donner à un grand siècle le nom d'un seul homme. Cimon ne méritait point d'être effacé par Périclès, non plus que Richelieu par Louis XIV. Mais si la philosophie remonte aux causes, l'histoire, écho de l'opinion, n'admire que les effets : l'honneur est pour la main qui moissonne, l'oubli pour la main qui a semé. Ce fut Cimon pourtant qui développa chez les Athéniens le goût des arts et des dépenses magnifiques. Ce fut lui qui le premier orna la ville, à peine relevée de ses ruines, de monuments et de chefs-d'œuvre. Les Longs-Murs, le temple de Thésée, le Pœcile, le Gymnase, le jardin de l'Académie, le mur méridional de l'Acropole, le temple de la Victoire sans ailes, annoncent dignement les Propylées et le Parthénon. Phidias, Panaenus, Micon, Polygnote, sculpteurs, peintres et architectes, rivalisent d'efforts pour conduire l'art à sa perfection et former cette élite d'ouvriers et d'artistes que Périclès trouva tout prêts à seconder ses desseins. Cimon ne se contenta point d'encourager les talens que produisait Athènes : il appela des maîtres étrangers. Thasos vaincue lui valut une plus précieuse conquête, celle de Polygnote, qu'il ramena avec lui, et dont il fit son ami. Il souffrit même qu'il fût l'amant de sa sœur Elpinice, lui chef du parti aristocratique, lui fils et petit-fils de rois.

Cimon paya les œuvres et les artistes avec les dépouilles de l'Asie.

Quand l'or des Perses fut épuisé, il soutint le luxe public de ses propres richesses, qui étaient immenses, et qu'il consacrait depuis longtemps aux besoins des particuliers. Ame grande et généreuse, Cimon était cher au peuple par ses bienfaits plus encore que par ses victoires : Son pouvoir dépendait de la faveur de la multitude : s'il eut le tort de l'acheter, ce fut en sacrifiant sa fortune et non sa dignité. Il tomba, renversé par le parti démocratique et par les intrigues de Périclès ; mais l'exil lui réservait la gloire la plus rare, en montrant au monde combien il était aimé. Le fait mérite d'être raconté, car il est inouï dans l'histoire. Pour faire bannir Cimon, on l'avait accusé d'être vendu aux Lacédémoniens. Quelques années s'écoulèrent. Un jour, les Athéniens et les Lacédémoniens se rencontrèrent dans les plaines de Tanagre. Cimon accourut de l'exil, demandant à combattre dans les rangs de sa tribu et à laver les soupçons dans le sang de l'ennemi. Les généraux athéniens le repoussèrent. Alors Cimon pria ses amis de faire leur devoir de telle sorte que la calomnie fût réduite au silence. Ceux-ci, au nombre de cent, placèrent au milieu d'eux l'armure complète de Cimon, et, serrés autour de ce fantôme guerrier, ils se firent tuer jusqu'au dernier. Qui doit-on admirer le plus, ceux qui sont capables d'un tel dévouement, ou celui qui l'inspire ?

Si l'amour du beau est le privilège des nobles natures, personne n'était plus digne que Cimon d'être le protecteur des arts. Sa munificence, son affabilité, son goût, son exemple (car lui-même cultivait la musique avec succès), touchaient les artistes, qui ne veulent pas seulement être encouragés, mais échauffés. Sophocle lui dut sa première victoire, Phidias ses premiers travaux. Périclès eut raison de supplanter un rival qui allait lui ravir sa plus belle gloire. Qu'il restât dix ans de plus à la tête de la république, Cimon donnait son nom au grand siècle.

Périclès ne put cependant continuer tout d'abord des traditions coûteuses et des entreprises qui demandent les loisirs de la paix. L'or de l'Asie était tari ; lui-même était pauvre, et le trésor des alliés, à peine enlevé de Délos, ne pouvait encore s'ouvrir aux prodigalités des Athéniens. En outre, la puissance de Périclès rencontra longtemps une opposition redoutable. Le parti aristocratique, et à sa tête Thucydide, fils de Mélésias, attaquèrent avec acharnement le représentant du parti démocratique. Ils poussèrent Périclès à cette extrémité, de s'exposer à l'ostracisme afin que Thucydide y succombât. Thucydide partit, et ce ne fut qu'après son exil que Périclès devint maître absolu d'Athènes. Au dehors, des guerres continuelles attirent, pendant le même espace de temps, les ressources de l'état et l'attention de son chef. Corinthe, Épidaure, Sparte, Egine, Thèbes, Argos, se succèdent ou se liguent pour combattre la grandeur croissante d'Athènes, mais ne l'empêchent point d'envoyer de grandes colonies en Chersonèse, dans le Pont, jusqu'à Chypre, et de promener ses flottes menaçantes autour du Péloponèse. Enfin la paix fut conclue pour trente ans entre les différents états de la Grèce. Alors seulement Périclès put consacrer à la prospérité intérieure et à l'éclat des arts ses soins, les revenus publics, et surtout le trésor des alliés. On sait en effet qu'il ne commença pas avant cette époque les grands travaux dont Phidias eut non-seulement la plus belle part, mais la direction.

Seize années s'étaient écoulées depuis l'exil de Cimon. Pendant cet intervalle, Phidias produisit la plupart des œuvres détachées dont l'antiquité nous a conservé la liste, et qu'on ne saurait placer ni au commencement ni à la fin de sa carrière : nous en connaissons trop bien l'emploi. Rendu à ses études, il conduisit à sa perfection un talent qui prévoyait la tâche immense à laquelle il serait appelé, car Phidias était l'ami de Périclès, le confident de ses projets ; peut-être les lui avait-il inspirés. Dans les jours de lutte, devant des obstacles sans cesse renaissants, il fallait différer l'exécution de plans trop grandioses ; mais l'homme d'état et l'artiste se consolaient en parlant de l'avenir, ils sentaient qu'il leur appartenait. Les statues colossales, les décorations publiques, les monuments de circonstance assurent à un sculpteur une prompte célébrité ; ils ne permettent pas toutefois, comme les œuvres de proportions plus simples, conçues et exécutées dans le calme de l'atelier, cette méditation et ces essais, cette étude de la nature et cette poursuite de l'idéal, ces lenteurs et ces hardiesses de pensée, ce soin infini et ces inspirations heureuses du ciseau, qui ouvrent à un grand artiste les voies les plus sublimes de l'art.

C'est dans cette période, la moins connue de sa vie, que Phidias atteignit toute la plénitude de son talent et fit éclater aux yeux de ses contemporains sa puissante originalité. Alors se produisit au sein de l'école attique une révolution qui en fit la première école du monde : les vieux maîtres étonnés, mais impuissants à changer leur manière ; les maîtres plus jeunes dont la main plus souple se pliait à une seconde éducation, Alcamène le premier, s'élançant à la suite de Phidias ; les élèves accourant de tous les points de la Grèce et remplissant son atelier. Agoracrite de Paros, Paeonius de Thrace étaient les plus habiles, et tel fut sur eux l'ascendant de Phidias qu'ils ne le quittèrent plus tant qu'il vécut. Le jour approchait où le maître aurait besoin, pour le seconder, de mains nombreuses et exercées. Il s'appliquait donc à former une génération qui sût rendre sa pensée et reproduire son style ; le Parthénon nous apprend comment il y réussit.

Les travaux qui occupaient en même temps Phidias n'avaient plus l'importance des œuvres que lui commandait Cimon ; mais au lieu des proportions colossales qui ne frappent que le vulgaire, ces nouvelles statues avaient une beauté et une perfection que les connaisseurs ne se lassaient pas d'admirer. Il est à remarquer que ce sont celles que citent de préférence les historiens et les critiques. Il semble que Phidias s'y soit révélé pour la première fois à lui-même et à son siècle.

La plus célèbre de ces statues et la plus ancienne était la Minerve lemnienne, en bronze. Les habitants de Lemnos l'avaient consacrée dans l'Acropole. Comme leur île fut conquise après les guerres médiques, il est vraisemblable qu'ils tardèrent peu à reconnaître par cette offrande la divinité protectrice d'Athènes. C'était, dit Pausanias, le plus admirable de tous les ouvrages de Phidias. Pline ajoute que cette Minerve était tellement belle qu'on ne la désignait plus que par sa beauté, en guise de surnom : on disait la belle Lemnienne. Quatre fois déjà Phidias s'était efforcé de créer un type idéal de Minerve, et combien n'en devait-il pas créer encore ! Cependant ni la Minerve de Pellène, ni celle de l'Acropole, ni celles de Platées et de Delphes n'ont excité l'enthousiasme des anciens. On ne voit même pas qu'elles aient obtenu un seul éloge. La Lemnienne au contraire fut si universellement admirée qu'on ne peut expliquer son succès par les vicissitudes auxquelles sont soumis les artistes les moins journaliers. Un éclair d'inspiration ne fait point jaillir un chef-d'œuvre sans qu'il soit annoncé et justifié en quelque sorte par l'œuvre de la veille. Je croirais plutôt que Phidias, dans les travaux de décoration publique, n'avait point osé s'écarter des traditions ; il pouvait compromettre ses débuts. Des colosses offraient d'ailleurs des difficultés trop sérieuses pour qu'il les accrût à plaisir. Mais quand il se sentit maître de l'opinion, quand il fut sûr de ses propres forces, il rompit avec le passé. La belle Lemnienne fut l'apparition de sa manière nouvelle. Il y avait mis toute sa science, et comme pour déclarer lui-même que ce serait là son chef-d'œuvre, il ne craignit pas d'y inscrire son nom, ce qu'il ne fit qu'une seule fois depuis, à Olympie. Lucien louait le galbe pur de la statue, ses joues suaves et son nez d'une admirable proportion.

Après la belle Lemnienne, les critiques anciens plaçaient l'Amazone. Elle s'appuyait sur sa lance. Lucien trouvait sa bouche et son cou particulièrement inimitables. Cette statue, selon Pline, disputa le prix dans un concours célèbre qui eut lieu à Éphèse, et où Polyclète l'emporta sur Phidias. Toutefois ce récit est accompagné de circonstances si peu vraisemblables qu'on est tenté de n'en rien croire. L'Amazone de Polyclète était peut-être préférée à l'Amazone de Phidias, voilà tout le fond de cette fable.

Il est impossible d'assigner un ordre chronologique aux autres œuvres que produisit Phidias pendant cette période de seize années : c'est à peine si nous en savons le nom et la matière ; les critiques se taisent sur tout le reste. Parmi les statues que possédait Athènes, je citerai d'abord l'Apollon Pamopius. Ce dieu avait promis de délivrer l'Attique des sauterelles (en grec *parnopes*) qui la dévoraient. Par reconnaissance, le peuple lui éleva une statue de bronze dans l'Acropole, à l'orient du Parthénon. Elle fut transportée plus tard à Constantinople, et se trouvait dans la partie septentrionale du Forum. Apollon tendait son arc, geste symbolique que l'art lui prêtait quand il combattait les monstres et conjurait les fléaux.

Dans le Céramique était le temple de Cybèle. Phidias avait représenté la mère des dieux assise, suivant la coutume ; elle tenait dans ses mains le *cymbalum*, et des lions supportaient son trône. On retrouve ce motif sur de petits bas-reliefs votifs d'Athènes ; malheureusement ils sont d'un travail grossier et d'une époque de décadence. Vénus céleste avait également un temple dans le Céramique. La statue, en marbre de Paros, était de Phidias. C'est à Athènes encore que devait se trouver la Minerve en bronze dont parle Pline, et qu'on appelait *Cliduchus*. Elle tenait des clés à la main, comme pour rappeler qu'elle était la seule maîtresse de sa ville bien-aimée.

Les villes étrangères n'attachaient pas moins de prix qu'Athènes à posséder les œuvres de Phidias. Les Thébains lui demandèrent un Mercure en marbre, qui fut placé à l'entrée du temple d'Apollon isménien. Épidaure montrait un Esculape en or et en ivoire. Pour que la sécheresse ne gâtât pas l'ivoire, on creusa un puits au-dessous du piédestal. Cette précaution fut conseillée par Phidias, qui, le premier des sculpteurs anciens, s'inquiéta d'assurer aux œuvres de ce genre une fraîcheur et une jeunesse éternelles. Épidaure est une ville voisine d'Argos. Peut-être, comme à Pellène, Phidias avait-il exécuté sur place cette statue et pris les mêmes précautions pour la préserver de toute altération ; mais ni Pausanias, ni Athénagoras ne disent qu'elle fût colossale : c'est pourquoi l'on ne peut trop la classer parmi les premiers travaux de Phidias et la rattacher à son séjour en Argolide.

Nous retrouvons à Rome, sans savoir à quelles villes de Grèce elles avaient été enlevées, plusieurs autres statues de Phidias. La plus belle était une Vénus en marbre qui ornait le portique d'Octavie. Paul-Émile avait apporté une Minerve qu'il plaça sur le Palatin, près du lieu où s'éleva plus tard le temple de la Fortune. Paul-Émile était un grand admirateur de Phidias. C'est lui qui prononça à Olympie ce mot qui fut si souvent répété depuis : « Phidias a sculpté le Jupiter d'Homère. » Catulus à son tour, lorsqu'il bâtit le temple de la Fortune avec le butin pris sur les Cimbres, y consacra deux statues de Phidias. Comment se les était-il procurées ? Quels dieux représentaient-elles ? On l'ignore. On sait seulement qu'elles étaient en bronze, que c'étaient des figures drapées. Pline indique encore une statue de grandeur colossale et nue. Plus tard, quand la Grèce eut été complètement dépouillée, Rome posséda un plus grand nombre de statues de Phidias. Il est vraisemblable que c'étaient celles que Pausanias avait vues et décrites dans les différentes parties de la Grèce. Du reste, l'ignorance et le laconisme des historiens de la décadence nous laissent dans la plus grande incertitude sur ce sujet. Procope, après avoir cité un taureau d'airain qu'il croit de Phidias ou de Praxitèle, remarque qu'il y avait plusieurs statues de ces deux sculpteurs auprès du temple de la Paix.

Sur l'une d'entre elles le nom de Phidias était même gravé. Était-ce la Minerve lemnienne ? — Mais il arrivait alors aux Romains ce qui nous arrive pour les grands maîtres de l'Italie. Toute belle œuvre était un Phidias ou un Polyclète. C'est ainsi que, sur les groupes qui décorent aujourd'hui le Monte-Cavallo, on a écrit le nom de Phidias et celui de Praxitèle sans tenir compte d'une conformité de style qui annonce la même main, sans se demander si ce style est celui de l'un ou de l'autre artiste. C'est une pure fantaisie.

Enfin, sur la place publique de Constantinople, on voyait au XIe siècle après Jésus-Christ un Jupiter en marbre blanc de Phidias. Le dieu était assis sur un siège sans dossier, sorte de banc que recouvrait un tapis ou un coussin. Tels sont les sièges qui servent aux divinités sur la frise du Parthénon ; on en a trouvé de semblables à Pompéi. Il est surprenant que ni Pline ni Pausanias ne parlent de cette statue, d'autant plus digne d'être remarquée par l'antiquité qu'elle était en marbre et que Phidias a rarement travaillé le marbre. On cite de lui trente-cinq statues, dont vingt-trois en bronze, sept en or et en ivoire, trois en marbre, deux de matière inconnue. La Minerve de Platées avait la tête, les pieds et les mains en marbre. Aussi hasarderai-je une conjecture. Au milieu du VIIIe siècle, le Parthénon fut converti en église grecque. On construisit l'abside sur l'emplacement du pronaos, et, pour que les rayons du soleil pénétrassent par les petites fenêtres byzantines, on abattit la couverture du portique et le milieu du fronton oriental. Alors neuf ou dix statues disparurent sans qu'on en ait retrouvé la trace. C'étaient précisément les principaux personnages de la grande composition qui représentait la naissance de Minerve : Jupiter y occupait la première place. Je me suis demandé si ces statues, une fois enlevées par les chrétiens, n'ont pas été transportées à Constantinople, où les empereurs entassaient tous les chefs-d'œuvre que Rome avait respectés, et si le Jupiter du Parthénon n'était pas celui dont parle le moine Cédrénus. Assis au centre du fronton, il contemplait sa fille qui venait de s'élancer de son cerveau, et « qui enlevait, » comme dit Hésiode, « de ses épaules immortelles ses armes divines : et le cœur de Jupiter se réjouissait. »

Je ne puis terminer l'énumération de tant d'œuvres aujourd'hui perdues sans essayer de caractériser la transformation que Phidias introduisit et dans son style et dans celui de ses contemporains.

Section III

Le silence de l'antiquité me chagrine, mais ne m'intimide point. L'archéologie n'a-t-elle pas pour mission de suppléer l'histoire et de retrouver le passé moins dans le témoignage des hommes que dans leurs œuvres ? Nous avons des sculptures de la vieille école attique, nous avons les sculptures du Parthénon. Entre ces deux points extrêmes, mais certains, la transition manque ; il y a une lacune qui se laisse, sinon combler, du moins mesurer.

Le propre de l'art à son enfance, c'est d'être impersonnel. Les artistes n'offrent aucune marque particulière de leur talent, copient des types de convention, et se ressemblent de telle sorte que la postérité n'en fait qu'un seul homme. Toutes les madones byzantines sont attribuées à saint Luc, toutes les idoles de la Grèce primitive étaient attribuées à l'Athénien Dédale. Plus tard, Athènes eut le goût des Hermès, c'est-à-dire des bustes ou des têtes montées sur une gaîne équarrie. Il y en avait des milliers dans les rues de la ville, d'un style tellement uniforme que les auteurs de ces bustes étaient confondus dans une commune obscurité : on les appelait des hermoglyphes, ou si l'on veut des fabricants d'Hermès. Enfin à la veille des guerres médiques, si quelques noms se détachent et sont recueillis par l'histoire, c'est plutôt le sujet traité par les sculpteurs que leur talent individuel qui les recommande à l'attention publique. Endœus est cité parce qu'il eut le premier l'idée de représenter Minerve assise ; Anténor, parce qu'il fit les statues d'Harmodius et d'Aristogiton ; Amphicrate, parce qu'il représenta la courtisane Léaena, leur héroïque complice, sous la forme d'une lionne. Si l'originalité des artistes ne se dégage point encore, il ne faut pas croire pour cela que leurs œuvres manquassent de mérite. Ceux qui ont étudié avec soin les précieux débris de sculpture que possède Athènes ont remarqué la statue assise de l'Érechthéion, la déesse sur un char et la femme drapée, dont nous avons les moulages à l'École des Beaux-Arts ; le soldat de Marathon, la frise des soldats blessés, qui se trouve enclavée dans le mur du Catholicon. Ces fragments ont entre eux un air de famille, moins parce qu'ils sont tous archaïques que parce qu'ils dénotent les mêmes tendances et les germes de beautés semblables. On sent percer sous des formes sèches et comprimées un effort de vie, un besoin de liberté, d'élégance, de richesse, et le goût de l'ajustement. Les plis conventionnels des draperies ont déjà une certaine abondance, de l'harmonie, et ils modèlent les corps avec une souplesse qui surprend. Enfin partout se trahit une secrète aspiration vers l'idéal. Il est impossible de méconnaître les caractères du génie des Ioniens, si opposé au génie des Doriens. Tandis que les sculpteurs des écoles doriennes, formés par l'étude du nu et l'habitude de représenter des athlètes, expriment avec énergie la nature vivante et tendent au réalisme (les frontons d'Égine en font foi), les sculpteurs d'Athènes s'étudient à créer plutôt des types divins que des types athlétiques. À Athènes, les mœurs ioniennes et même le costume oriental se maintinrent jusqu'à Périclès ; la vie y fut moins rude, moins extérieure que chez les Doriens, et les exercices gymniques n'y furent point préférés aux concours de musique, de poésie, ni aux grandes solennités tragiques.

Phidias, qui avait passé plusieurs années de sa jeunesse à Argos, dans la plus célèbre des écoles doriennes, en rapporta tout ce qui manquait à ses compatriotes. Il unit les qualités du génie dorien à celles du génie ionien, la simplicité sévère, la science pratique, la mâle grandeur du premier à l'idéal, au mouvement, à la délicatesse, à la grâce du second. Il sut fondre les deux principes pour en former un ensemble incomparable, que les modernes désespèrent d'égaler jamais. De même que l'architecture dorique n'a élevé aucun édifice qui ne fût surpassé par les Propylées et le Parthénon, monuments d'ordre dorique bâtis par les Athéniens, de même le style des sculpteurs doriens fut imité, conquis, effacé par Phidias. Avant lui, on a pu dire le *style attique* ou le *style éginétique*, puisque l'école d'Egine a été l'expression la plus glorieuse des traditions doriennes ; avec lui disparaissent les tendances locales et l'opposition des qualités que les deux races semblaient s'être partagées. Dès lors il n'y a plus qu'un grand souffle qui court sur toute l'étendue du monde grec, et l'influence du génie individuel, qu'il s'appelle Phidias, Praxitèle ou Lysippe, ne connaît plus de frontières. Les écoles ne sont plus contemporaines, elles se succèdent ; leur diversité s'explique par la différence des époques et la mobilité providentielle de l'esprit humain. Ce fut dans la vieille école attique une révolution complète, quoiqu'elle ne fût point jetée hors de sa voie idéale et ne fût point ramenée au réalisme ; mais il y a deux sortes d'idéal, celui des siècles primitifs et celui des siècles accomplis. L'art qui crée sans imiter la nature et qui repose sur la convention est un art idéal, l'art égyptien par exemple. L'art qui connaît admirablement la nature, qui la dépasse, qui poursuit une beauté plus parfaite et en même temps plus simple, qui part du vrai pour atteindre une vérité plus sublime, cet art est, à un bien autre titre, un art idéal : c'est celui de Phidias. Ce qu'il n'avait point osé tenter au retour d'Argos en exécutant des colosses conformes à la tradition, Phidias l'entreprit dès qu'il fut rendu aux salutaires loisirs de l'atelier. La belle Lemnienne, l'Amazone blessée, la Vénus céleste, la Minerve Cliduchus, le Mercure, toutes les œuvres qu'il exécuta pendant les seize années qui précédèrent la paix de trente ans, furent autant de révélations pour la Grèce émue et pour les artistes de tout âge et de tout pays qui accouraient se former à l'école de Phidias.

Au milieu de ces travaux, dont on ne connaît qu'une partie,[1] à la tête d'une école qui grandissait chaque jour et qui comptait déjà des maîtres, Phidias atteignit sa cinquantième année. D'autres se seraient crus au plus haut degré de leur talent et de leur gloire ; Pour lui s'ouvrait seulement la période la plus éclatante de sa carrière : Périclès posait la première pierre du Parthénon.

---

1 Il faut citer encore deux statues, les seules peut-être qui soient postérieures au Parthénon, avec le Jupiter d'Olympie. Phidias les fit pour les Éléens pendant qu'il travaillait à son Jupiter. C'était une Minerve en or et en ivoire, qui portait un coq sur son casque, et une Vénus céleste, également en or et en ivoire. Un de ses pieds reposait sur une tortue.

Charles Ernest Beulé   ISBN : 978-1976539961

www.ingramcontent.com/pod-product-compliance
Lightning Source LLC
Chambersburg PA
CBHW050254230526
45470CB00005B/2259